KB201835

안중근 의사 유해발굴,
참 평화의 길이다

글 · 김월배

목차

저자의 말

안중근 의사 유해는 반드시 찾아야 한다.

〈안중근 의사 유해는 반드시 찾아야 한다〉 내 명함의 상단에 있는 문구이다. 나는 명함을 줄 때마다 이 문구를 주문처럼 강조한다. 중국인에게 건네는 명함도 예외가 아니다.

〈一定尋找安重根義士遺骸〉 내 명함을 받는 중국인은 무슨 뜻이냐고 묻는다. 나는 그때마다 동양평화를 위해 순국하신 안중근 의사의 유해가 중국 뤼순에 묻혀있고 지금껏 찾지 못한다고 강조하면서 중국의 도움이 반드시 필요하다고 말한다.

혹자는 안중근 의사를 가슴에 묻자고도 한다. 올해는 안중근 의사 (1879-1910) 순국 111년이다. 안중근 의사를 떠올릴 때마다 내 가슴속에서는 의사님의 마지막 유언이 나를 깨운다. 돌아가시면서 광복이 되면 조국에 묻어달라 하신 그 유언을 어찌 잊을 수가 있으며 어찌 가슴에만 묻어둔단 말인가. 나는 반드시 의사님의 유해를 찾고 말겠다는 일념으로 중국 땅에서 15년간 살았다.

오로지 안중근 의사님의 후손된 도리를 다하기 위해 〈안중근 의사 유해는 반드시 찾아야 한다〉는 나의 명함을 대한민국 국민에게 드리기 위해 이 글을 썼다. 안중근 의사 유해는 반드시 대한민국 국민이 찾아야 한다. 나는 돈키호테처럼 앞장서서 안중근 의사의 유해를 찾는 일에 매진할 것이다.

김월배 씀

추천사 ———————————————————

우리 민족 5천년 역사상 가장 위대하신 영웅이시며 사상가이신 안중근 의사 할아버지!

자신과 가족을 버리고 오직 나라와 민족을 위하여 거사를 하신 할아버지, 옥중에서 동양평화론을 펼치시어, 세계만방에 알리신 훌륭하신 할아버지!

이번 김월배 교수님께서 "안중근 의사 유해발굴, 참 평화의 길이다." 라는 책을 발간 하신다기에 할아버지의 후손으로 감사의 글을 올립니다.

올해로 돌아가신지 111주년을 맞이하여 그리움이 가슴에 사무칩니다.

할아버지의 유해가 고국으로 조속히 모시기를 기원합니다.

안중근 할아버지 자랑스러운 세계의 영웅이십니다.

안중근 할아버지!

2021년 3월 26일 유족 안기영

제1장

안중근 의사 유언, 김구 염원

제1장
안중근 의사 유언,
김구 염원

안중근 의사 유해발굴의 꿈

안녕하십니까? 저는 안중근 의사의 유해발굴에 삶의 목표를

두고 있는 하얼빈 이공대학 김월배입니다. 저는 2년 전인 2019

년, 3.1운동, 대한민국임시정부수립 100주년을 맞았을 때 '아,

이제는 드디어 안중근[1] 의사 유해발굴의 꿈을 이룰 수 있겠구

나' 라는 희망에 가슴이 울렁거렸습니다.

그 해 3.1절 기념사에 대통령께서 안중근 의사의 유해발굴을

언급하셨기 때문입니다. 그러나 불행하게도 제가 오늘 여러분

앞에 안중근 의사의 유해발굴에 당위성을 또다시 호소해야 하

는 현실이 안타깝습니다.

안중근 의사의 유해를 발굴하는 일은, 참 평화의 길입니다.

그래서 오늘 강의 테마도 '안중근 의사 유해발굴, 참 평화의 길

이다[2]' 라고 정했습니다. 저는 안중근 의사의 유해발굴에 뜻을

---

1) 안중근(1879~1910), 황해도 해주부 광석동 출생, 1894년 신천의려군 선봉장, 1897년 홍석
구 신부 도마로 세례, 1899년 만인계 채표회사 사장, 1905년 독립기지 건설 위해 산동반도
상해 고찰, 1906년 삼흥학교 설립, 돈의학교 인수하여 교장, 1907년 서북학회 가입, 국채 보
상운동 참가, 석탄 삼합회 설립, 1908년 연해주 의병투쟁, 1909년 일심회 발기, 단지동맹,
1909년 10월 26일 이토히로부미 주살, 안중근 소회 제출, 1910년 2월 동포에게 고함, 3월 안
응칠 역사 탈고, 미완성 동양평화론 저술, 3월 26일 뤼순 순국, 대한독립과 동양평화를 위
해 일생을 바치다.
2) 본 강의는 2020년 11월 14일 안중근 의사 숭모회/기념관 지원으로 제작되었다. 안중근 의사
숭모회 사이트와 유투브에서 강의를 시청하실수 있다.

안중근 의사 허묘

두고 중국에서 생활한 지 올해로 16년이 되어 갑니다. 안중근

의사님이 이토 히로부미를 주살한 하얼빈에서 6년, 안중근 의

사님이 순국하신 뤼순에서 6년, 그 후 지금 머물고 있는 웨이하

이에 있는 하얼빈 이공대학(웨이하이)에서 4년째 아이들을 가르

치며 안중근 의사님의 유해를 찾기 위해 올인하고 있습니다.

제가 있는 웨이하이는 안의사님이 순국하신 뤼순과 지척이기

도 하지만, 안중근 의사님의 동생 안정근[3]이 머물던 곳이기도

합니다. 또한 안중근 의사가 상해로 가실 때 기항지로 들렀던

곳 입니다. 저는 오늘 안중근 의사 유해발굴에 대한 당위성과,

그동안 제가 조사하고 연구한 유해발굴에 대한 내용을 우리 국

민들에게 보고 드리고 상의하는 그런 자리로 생각하고 싶습니다.

---

3) 안정근(1885~1949), 1938년 쯔푸(연태)일본 영사관 첩보 자료에 의하면, 웨이하이(威海卫, 현재 위해)연합리 11호에서 1926~1935년까지 거주, 무직 안정근(53세) 본적 황해도 신천군 신천면 송오리, 주소 산동성 위해위 연합리 11호. 왕년 하얼빈에서 이등박문공을 암살한 안중근의 동생으로 명치 43년 일한합병에 불만을 가지고 지나에 와서 약 십여전에 위해위에 거주하였다. 상해 남경 천진방면에 불령선인과 비밀리 접촉하고 연락을 유지하며 제남, 청도방면에 잡입활동 하는 불령선인 근거지를 제공했다. 쇼와 9년3월 하순 남경 잡입 거주한 대역도인 김구의 모 곽낙원 및 그 자식 김인, 김신 등 3명이 안정근 집에 기거하였다. 안정근 집은 위해위특별관리공서 부근에 육년전에 육천원을 투자하였다. 양식구조에 일곱칸의 집이었다. 당시 조선인 74명거주, 본년(1938년(5월 31일 웨이하이 조선인회 조직하여 조선인회회장에 장성훈(이토공암살한 안중근의 동생 안정근의 사위) 당선) 안정근 독립당원으로 특히 주의해야 하며, 특히 장성훈의 동향을 특히 감시를 요한다. 조선민족주의자 불령선인 거두 안정근과 그 가족 및 안의 혼인가족은 상해, 남경, 안동, 인천 방면에 불령선인과 내왕 행적이 있다. 이 안정근 위해위 거주지를 2018년에 위해 청일전쟁 연구자인 손건군과 저자가 일년에 걸쳐 조사 발굴하였다. 현재는 위해시 정부 동편 건설가 101호에 위치하고 있다.

김구 염원

이곳은 용산구에 있는 효창원[4]입니다. 맨 위에 있는 묘소가

김구[5]선생님의 묘역이고, 그 아래 여러 개의 묘비가 있는 곳이 바

로 삼의사[6] 묘역입니다.

김구 선생께서는 1945년 광복된 조국에 돌아오셔서 바로 다음

해 1946년에 첫 번째로 일본에 있는 순국열사 세 분을 모셔왔습

니다. 바로 이봉창, 윤봉길, 백정기 의사입니다.

---

4)효창원, 서울 용산구 청파동 효창공원내 위치, 조선후기 제 22대 정조의 첫아들 원자이신 문
효세자의 묘소 위치하였으나, 1944년 10월 고양시 서삼릉 이장되었다. 그후 공원으로 바뀌
었다.

5) 김구(1876~1949), 독립운동가, 대한민국 임시정부 주석, 19세 팔봉접주가 되어 동학 선봉장
으로 해주성 공략했다. 1895년 안중근 의사 부친 안태훈 진사 요청으로, 안태훈 집에 은거하
여 안중근과 함께 지내면서, 저명한 고능선의 문하에서 안중근과 같이 잠시 학문을 같이 했
다. 또한 안중근 의사 동생 안정근의 딸을 며느리로 맞이 하였다.

6) 효창공원내, 윤봉길(상하이 홍커우 공원 의거), 이봉창(일본 왕에게 폭탄 투척 미수), 백정
기(상하이 주중일본공사 습격 체포) 의사의 유해를 모셨다. 안중근 의사 허묘도 같이 있음

김구 선생은 친히 부산까지 가셔서 삼의사를 직접 맞이하셨고 효창원에 세 분을 모시면서 바로 첫 번째 자리에 안중근 의사님의 가묘를 또 다른 말로 허묘를 조성한 후에 1948년 4월, 안중근 의사 조카인 안우생 선생과 함께 북한으로 가셨습니다.

김구 선생은 김일성 위원장을 만나 '중국 뤼순에 안중근 의사님이 묻혔으니 유해를 찾아서 봉환해 달라.' 고 요청했습니다.

김일성 위원장은 그 당시 뤼순을 소련군이 지배하고 있고 그외 여러 가지 정치적인 사정을 이유로 안중근 의사 유해를 찾아 봉환해달라는 요청을 거절했습니다.

빌렘신부와 정근 · 공근 두 동생에게 유언하고 있는 안중근 의사

안중근 의사 사형장

김구 선생은 안중근 의사가 묻힐 묘자리까지 삼의사 묘역에 준비해 놓았지만 결국 우리는 대한민국의 가장 큰 숙제를 해결하지 못한 채 오늘에 이르렀습니다.

김구 선생의 염원은 삼의사 묘역 앞을 장식한 돌에 '유방백세(流芳百世)⁷⁾'라는 글로 우리를 일깨우고 있습니다.

평화주의자 안중근 의사 유언

안중근 의사께서는 돌아가시기 전 1910년 3월 10일 경에 종부성사를 하셨습니다.

---

7) 유방백세, 향기가 백대에 걸쳐 흐름이란 뜻으로, 꽃다운 일을 후세에 길이길이 전함

안중근 의사가 천주교 신자였기 때문에 빌렘신부[8]가 뤼순감

옥으로 가셨습니다.

빌렘신부의 한국이름은 홍석구입니다. 홍석구 신부님은 프랑

스 파리 외방전교회[9] 소속이었습니다. 빌렘신부님은 안중근 의

사 동생 안정근[10]과 안공근[11]을 대동하고 안의사를 만납니다.

바로 그 자리에서 안중근 의사는 종부성사[12]를 하신 후에 마지

---

8) 빌렘(Wilhelm, 1860~1938) 한국명 홍석구, 1897년 청계동 천주교 본당 건립, 안중근 의사 종
   교적 후원자

9) 파리외방전교회 본부는 프랑스 파리 7구 뤄드박 128번지 위치, 아시아의 비 그리스도교국에
   선교사를 파견하여 성당을 세우고 성직자를 양성할 목적으로 1658년 설립되었다. 아시아 지
   역 파견 선교사는 4,300여명, '선교지역으로 출발은 돌아온다는 생각을 하지 않는것' 이라는
   회칙을 만들었다. 1866년 조선에 순교하기도 했다.

10) 안정근(安定根, 1885~1949), 독립운동가, 안중근 의사 둘째 동생, 임시의정원 의원, 상해 한
    인구제회 부회장

11) 안공근(安恭根, 1889-1939), 독립운동가, 안중근 의사 막내 동생, 한인애국단원

12) 종부성사는 임박한 죽음을 앞두고 영혼을 하나님께 의탁하는 의식, 생전에 마지막으로 치
    루어진다는 의미로 종부성사라 한다.

막 유언을 남기셨습니다.

"우리 국권이 회복이 되면 고국으로 반장해 다오. 나는 천국
에 가서도 또한 마땅히 우리나라의 회복을 위해 힘쓸 것이다."

이렇게 하얼빈 공원[13]에 묻었다가 국권이 회복되면 고국으로 반

장해달라고 직접 말씀을 남기셨습니다. 그 유언이 올해로 111년

이나 되었습니다. 100년을 넘어 111년! 제가 유해발굴에 전념하

는 것을 보고 저에게 이렇게 묻는 사람들이 있습니다.

"100년도 한참 넘었는데 안중근 의사 유해를 왜 찾으려고 하

---

13) 하얼빈 공원, 흑룡강성 하얼빈시 도리구 우의로 74번지에 있는 공원, 현재는 자오린공원
이라 함. 1906년에 건립된 하얼빈 최초 공원이다. 처음에는 동사회 공원으로 불렸다. 그후
특별시 공원, 공원, 1946년부터 자오린 공원으로 개명하여 현재에 이르고 있다. 1963년부
터 하얼빈 빙등제의 발원지이기도 하다. 현재 하얼빈 공원에는 안중근 의사 유묵인 '청초
당' 비석이 있다.

느냐?"

또 이렇게도 묻습니다.

"너무 오래되어 뼈대도 제대로 남아 있겠느냐?"

또 어떤 분은 저에게 타이르듯 말씀하십니다.

"가슴에다 묻자."

제 2 장

영웅의 삶

제 2 장
영웅의 삶

대한제국과 같이 살아온 한 평생

이제 안중근 의사의 삶을 말씀 드려 보겠습니다. 안중근 의

사는 풍전등화 같은 대한제국의 운명과 같이 하신 분입니다.

일본은 1894년의 청일전쟁과 1904년의 러일전쟁을 통해 대한

제국을 강점하였습니다.

1905년 일본은 한국을 강박하여 《을사5조늑약》을 맺어 한

국 외교권을 빼앗았습니다. 1906년, 일본침략자들은 서울에

통감부를 설치하고 이토 히로부미가 초대 통감으로 부임하였

습니다.

1907년, 이토 히로부미는 고종황제를 강제로 퇴위시킨 후, 한

국과《한일 신협약 : 정미(丁未)7조약》을 맺고 강제로 한국군대

를 해산시켰습니다. 한국은 일본의 식민지로 전락 되었습니다.

안중근 의사는 소년시대부터 바로 일본 통치 아래서 대한제국

민중의 고난 생활을 직접 겪어보고 일본 제국주의의 침략본성

을 확실히 알고 애국독립투쟁에 투신하였습니다. 안중근 의사

는 대한제국과 운명을 같이하신 것입니다.

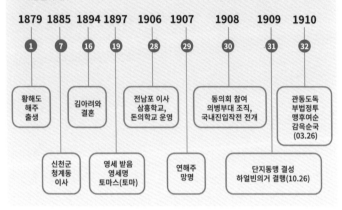

1876(강화도 조약), 1884(갑신정변), 1894(청일전쟁), 1895(명성황후 시해, 거문도사건), 1896(고종아관파천), 1898(대한제국 설립), 1903(용암포사건), 1904(러일전쟁), 1905(을사늑약), 1906(조선통감부 설치), 1907(고종 강제 퇴위, 한일신협약), 1908(의병투쟁), 1909(기유각서), 1910(경술국치)

1879	1885	1894	1897	1906	1907	1908	1909	1910
①	⑦	⑯	⑲	㉘	㉙	㉚	㉛	㉜

황해도 해주 출생

신천군 청계동 이사

김아려와 결혼

영세 받음 영세명 토마스(토마)

전남포 이사 삼흥학교, 돈의학교 운영

연해주 망명

동의회 참여 의병부대 조직, 국내진입작전 전개

단지동맹 결성 하얼빈의거 결행(10.26)

관동도독 부법정투 맹후여순 감옥순국 (03.26)

안중근 의사 생애(제국주의에 의한 국권침탈 시기 일치)

정의는 안중근 의사, 삶의 중심이었다.

동양평화를 파괴하고, 불의에 항거 하는 것이 안중근 의사의

독립정신입니다. 안중근 가문의 가훈은 "정의"입니다. 안중근

의사 부모님은 가정교육에 있어서 가장 올바르고 가치 있는 삶

을 주문하였습니다.

일제의 한국 병탄이 압박해오고 있는 시기에 민족위기와 국

가위기에 있어서 가훈인 "정의"는 안중근의사의 성장에 중요

한 작용을 하였습니다. 이에 결과는 하얼빈 의거로 이어 졌습

니다. 또한 안중근 의사의 유묵 중에는 가훈을 엿볼 수 있는

유묵이 있는데 이는 대한민국 보물 제569-6호로 안중근 의사

가 뤼순감옥에서 쓴 견리사의견위수명 (見利思義見危授命)

입니다.

이것은 "이익을 보거든 정의를 생각하고 위태로움을 보거든

목숨을 바쳐라"는 뜻입니다. 안중근 의사의 삶의 중심은 바로

정의(正義) 였습니다.

교육구국운동을 실천하신 교장 선생님이시다.

안중근의사는 진남포로 이사한 후에, 자본을 가지고 "삼홍학

교"와 "돈의학교" 등을 운영하였습니다. 더구나 두 학교의 교장

을 역임하셨습니다. 구국영재 배양에 노력을 하였습니다. 삼홍

(사홍, 민홍, 국홍)학교는 중등교육기관이었습니다. 정상적인 수

업 이외에도 영어를 가르쳤고, 교련수업시간에는 나무 총을 사

용하여, 군사훈련도 했습니다. 돈의학교는 초등교육기관이었습

니다. 원래 진남포 천주교가 운영한 사립학교였습니다. 프랑스 신부가 교장을 맡았고, 경비를 제공하였습니다. 신부가 병 때문에 진남포를 떠나자, 재원을 마련하지 못해 학교는 문을 닫았습니다. 안중근 의사가 교장을 맡고 나서서 자금을 투입하여 다시 학교를 운영하였습니다. 안중근 의사는 학교 발전을 통하여, 청소년들에게 애국계몽운동교육을 진행하였습니다. 안중근 의사의 교육 구국은 유묵을 통해서도 알수 있습니다. 1910년 2월과 3월에 걸쳐 뤼순옥중에서 휘호한 안중근 의사의 유묵이 있습니다. 그 중 가장 널리 알려진 "일일불독서 구중생형극(一日不讀書 口中生荊棘)"은 하루라도 글을 읽지 않으면 입안에 가

시가 돈친다는 의미입니다. 또한 "황금일만냥불여일교자(黃金

百萬兩不如一敎子)" 즉, 황금 백만냥도 자식 하나 가르침 보다

못하다는 뜻입니다.

정의의 주살, 하얼빈 의거였다.

1909년 10월 26일, 때가 영웅을 만들고, 영웅이 때를 만듭니

다. 역사적 운명의 날이었습니다. 눈이 많이 내려 쌓인 눈이 두

터웠고 하얀 눈이 북쪽나라의 아침을 덮었습니다. 기온은 영하

5도이고, 군인의 털 모자 위에 눈이 쌓여 있었고 입김도 하얀

서리를 이루었습니다. 『안응칠 역사』에서는 비교적 자세하게 당

10월의 하얼빈역

시의 감정과 생각까지 감정과 생각까지 서술하였습니다.

"아침 일찍 일어났다. 깔끔한 새 옷으로 갈아 입은 뒤에 권총

을 지니고 바로 정거장으로 갔다. 그때가 오전 7시쯤이었다. 그

곳에 도착해 보니 러시아의 장관과 많은 군인들이 이토를 영접

할 준비를 하고 있었다. 나는 찻집에 앉아서 차를 두세 잔 마시면서 기다렸다. 9시쯤 되니 이토가 탑승한 특별열차가 도착했다. 그때 그곳은 사람들로 인산인해를 이루었다. 나는 찻집 안에 앉아서 동정을 엿보았다. 그리고 생각했다. '어느 시점에 저격하면 좋을까?' 얼마 지나지 않아 이토가 기차에서 내렸다. 군대의 경례와 군악소리가 하늘을 가르고 내 귀에 흘러 들었다. 그 순간 분기가 갑자기 일어나고 3천길 업화가 뇌리에서 치솟았다.

'무슨 까닭에 세태는 이처럼 불공평한가! 아아. 이웃나라를 강제로 뺏고 사람의 목숨을 잔혹하게 해치는 자는 이처럼 날뛰면서도 거리낌이 없는데, 죄 없고 어질고 약한 인종은 도리어 이

처럼 곤경에 빠지는 것인가?'

　더 이상 생각하지 않고 바로 큰 걸음으로 용감하게 나아갔

다. 군대가 줄지어 있는 뒤편에 이르러서 바라보니, 러시아의 관

리들이 호위하고 오는데 그 앞쪽에 얼굴은 누렇고 수염은 흰

조그마한 늙은이 하나가 있었다. 어찌 이처럼 몰염치하게 감히

하늘과 땅 사이를 마음대로 다니는가 생각건대 이는 이토 늙은

도적이 분명했다. 곧 권총을 뽑아 들고, 그 오른쪽을 향하여 통

쾌하게 3발을 쏘았다 그런 다음 생각해 보니 매우 의심스러운

마음이 들었다. 나는 본래 이토의 얼굴을 알지 못하기 때문이었

다. 만약 한 번 잘못 쏜다면 큰일에 낭패를 볼 것이었다. 결국

다시 뒤쪽에 무리 지어 있는 일본들을 향하여 권총을 발사했

다. 그때가 곧 1909년 음력 9월 13일(양력 10월 26일) 오전 9시

반 쯤이었다. 그때 나는 바로 하늘을 향하여 큰소리로 "코레

아 우라"를 외쳤다."

　이토 히로부미와 러시아 재정대신 코코프체프의 회담 목적은

대한제국과 만주에 대한 지배력을 강화시키기 위한 필요성에

따른 일제의 요청이었습니다. 하얼빈 의거는 제국주의 열강의

침략에 대해 온몸으로 저항한 반 침략 평화의 사자로 안중근의

사의 하얼빈 의거를 평가해야 합니다. 중국의 신문 민우일보

(民吁日報)논평에서는 하얼빈 의거를 "100만 대군의 혁명에 버

금가는 것으로 세계의 군주정치 및 인도 철학에 관한 학설을

일변시킬 위대한 사건"이라고 하였습니다. 하얼빈 의거는 일본

이 대한제국을 침략하는 실상을 전 세계 알린 정의의 총소리인

것입니다.

대한국인 영웅의 참 모습

1910년 2월 뤼순 관동도독부 고등법원 검찰관 미조부치와 대

한민국의 참모중장 안중근 의사와의 대화입니다.

"문: 한국의 장래는 어떻게 되리라고 생각하는가?

답: 이토가 생존하는 한 한국뿐 만 아니라 일본도 멸망할 것

이토 히로부미 죄악 15개조 〈안중근 자서전에서〉

한국 명성황후를 사해한 죄요,
한국 고종 황제를 폐위시킨 죄요,
을사5조약과 정미7조약을 강제로 체결한 죄요,
무고한 한국인들을 학살한 죄요,
정권을 강제로 빼앗아 통감정치를 한 죄요,
철도, 광산, 산림, 농지를 강제로 빼앗은 죄요,
제일은행권 지폐를 강제로 사용한 죄요,
군대를 강제로 해산시킨 죄요,
민족교육을 방해한 죄요,
한국인들의 외국유학을 금지시킨 죄요,
교과서를 압수하여 불태워 버린 죄요,
한국인이 일본인의 보호를 받고자 한다고 세계에 거짓말을 퍼뜨린 죄요,
현재 한국과 일본 사이에 전쟁이 쉬지 않고 살육이 끊이지 않는데,
한국이 태평무사한 것처럼 위로 천황을 속인죄요,
대륙침약으로 동양평화를 깨뜨린 죄요,
일본 천황의 아버지 태황제를 죽인 죄이다.

이토 히로부미

이토 히로부미의 15개 죄악

이라 생각한다.

이토가 죽음으로써, 금후 일본은 충분히 한국의 독립을 보호

하게 돼, 한국에는 큰 행복이 될 것이며, 동양을 비롯한 각국의

평화가 지켜 질것으로 믿는다."

안중근 의사는 공개 재판 법정에서 떳떳하게 미조부치에게

말했습니다. "나를 암살자객이라고 한다면 이건 너무도 무례한 말이다. 나는 정정당당하게 점령군에 대항하여 조선의병 참모중장의 명의로 각지에서 의병을 조직하여 3년간이나 분투하다가 끝내 하얼빈에서 이토 히로부미를 격살하였다." 진정한 대한국인 영웅의 참 모습입니다. [14]

안중근 의사 친절한 가르침, 일본은 마음 바로 잡아라

이토 히로부미(伊藤博文)를 주살한 안중근(安重根) 의사가

---

14) "나는 당당한 대 한국의 국민이다. 그런데 왜 오늘 이렇게 일본감옥에 갇혀 일본 법률을 따라야 하는가? 이건 대체 어찌된 일인가? 내가 언제 일본에 귀순하였단 말인가? 재판관이 일본사람이고 변호사도 일본 사람이며 방청자도 일본사람들이다. 이건 벙어리가 연설하고 귀머거리가 방청하는 것과 다를 바 없다. 있을 수 없는 참 꿈 같은 세상이다. "안중근 의사가 1910년 2월 뤼순 관동도독부 지방법원에서 하신 말씀이다.

일본(日本) 관동도독부 지방법원에서 사형선고를 받은 지 3일

뒤인 1910년 2월 17일 관동도독부 고등법원장에게 동양평화를

위한 일본의 정책전환을 촉구한 「청취서」가 있습니다. 안중근

의사가 히라이시(平石義人) 법원장과 3시간 동안 면담한 내

용을 법원서기가 「청취서」라는 제목으로 기록한 것입니다.

 1995년 일본 외교사료관에서 발견한 것입니다. 본내용은 다

음과 같습니다.

 "우선, 일본이 해야 할 급선무는 현재의 재정(財政)을 정리하

는 것이다. 재정이란 사람으로 치면 건강이다. 다시 말해서 재정

을 길러 나라를 건강하게 하는 일이 급선무다. 둘째는 세계 각

국의 신용을 얻는 것이다. 오늘날 일본은 세계 열강의 신용을

못 받고 있다. 셋째는 앞에서 말 한데서 알 수 있듯이 세계 각

국이 일본의 약점을 노리고 있으니 이에 대비하는 연구를 해야

한다. 이 3대 급무를 완전히 하는 방법은 내 생각에는 어렵지

않다고 느껴진다. 전쟁도 필요치 않다. 오직 하나는 마음을 바

로 잡는 일이며 그 첫째가 이토 히로부미의 정책을 고치는 일이

다. 이토 히로부미의 정책은 전 세계에서 신용을 잃었다. 한일협

약 같은 것은 승복보다는 반항심을 일으킬 뿐이다. 하등 얻는

것이 없다. 한국, 청국 그리고 일본은 세계에서 형제의 나라와

같으니 서로 남보다 친하게 지내야 한다. 그러나 오늘에 있어서

형제간의 사이가 나쁠 뿐이며 서로 돕는 모습보다는 불화만을

세계에 알리고 있는 형편이다."

관동도독부 고등법원장 히라이시와 면담을 마친 후 안중근

의사는 이 자리에서 '천치가 뒤집혀 짐이여, 지사가 개탄하도다.

큰집이 장차 기울어짐 이여, 한가지 나무로 지탱하기 어렵다'라

는 시문을 히라이시에게 써주었습니다. 안중근 의사께서 특별

히 면회를 신청하시면서 일본에게 가르침을 주신 것입니다.

안중근 의사는 일본과 일본인이 미웠던 것이 아닙니다. 바로

동양평화를 파괴하는 일본의 정책에 저항하였던 것입니다. 32

살의 청년 안중근 의사는 대한 독립과 동양평화를 위해 살신성

인 하셨습니다.

제 3 장

안중근 의사
유해발굴 당위성

제 3 장
안중근 의사
유해발굴 당위성

후손의 도리, 대한민국 국민의 무한책임

여러분, 저는 이렇게 생각합니다. 안중근 의사 유해발굴은 대

한민국 국민이라면 마땅히 해야 할 당위성이라고. 왜냐하면 역

사는 반복이 되기 때문입니다. 111년 전에 우리 대한제국이 일

제에 의해서 국권이 유린되고 우리나라가 주권을 상실했던 것

처럼 또 다시 우리의 역사가 반복될 수도 있습니다. 국난을 당

했을 때 하나밖에 없는 목숨을 바쳐 살신성인 정신으로 희생하

신 분들에게 국가가 나서서 그분들의 유해를 찾지 않는다면,

또 그분들의 희생을 기리지 않는다면 앞으로 미래세대에 누가

국가를 위해서 안중근 의사와 그 외 수많은 순국선열들처럼 나

서겠습니까?

그래서 저는 안중근 의사님의 유해는 단순히 의사님의 유언

을 넘어서, 미래에 우리 대한민국이 어려워졌을 때, 또 다른 구

국의 의지를 떨치고 일어서야 할 국민된 도리라고 생각합니다.

바로 안중근 의사님의 유해발굴은, 또한 안중근 의사님의 유

해 자료를 찾는 일은, 안중근 의사님의 후손인 우리의 도리이

자, 주권국가 대한민국 국민의 무한책임이라고 생각합니다.[15]

조카 안우생 안중근 의사 유해를 위해 북한에 남았다.

과거 안중근 의사의 유해를 찾으려는 노력은 몇 번 있었습니다. 1948년에 김구 선생의 염원으로 유해를 봉환하려는 시도를 한 후에 한참 동안 공백이 있었습니다. 당시 중국과 한국은 체제가 달랐기 때문에 한국에서 자유롭게 뤼순에 갈 수가 없어서 김구 선생께서는 북한에 동행했던 안중근 의사의 동생 안공근

---

15) 안중근 의사는 우리 국민들에게 후손에게 메시지를 남기셨다. 순국하시기 바로 전에 안중근의사의 변호사를 자청한 안병찬에게 『동포에게 고함』이라는 말씀을 남기셨다. 이는 1910년 10월 25일 대한 매일신보에 게재되었다. "내가 한국의 독립을 되찾고 동양의 평화를 지키기 위해 3년 동안 해외에서 모진 고행을 하다가 마침내 그 목적을 이루지 못하고 이곳에서 죽으니 우리들 이천만 형제 자매는 각각 스스로 노력하여 학문에 힘쓰며 농업, 공업, 상업을 일으켜 우리나라가 자유 독립을 되찾으면 죽는 자 남은 한이 없겠노라"라고 말씀하셨다.

1986년 북한 안중근 의사 유해 발굴 조사 현장

의 아들 안우생을 북한에 두고 왔습니다. 김구 선생은 안우생[16]

에게 "너는 여기 남아서 유해를 발굴해서 꼭 모셔 와라." 라고

지시를 했습니다.

---

16) 안우생(1907~1991), 독립운동가, 안중근 조카이며 안공근의 장남이다. 상하이 인성학교 졸업하였으며, 한국 독립운동에 참여, 김구 영어 비서로 대한민국 임시정부 활동하였다. 1986년 뤼순에 안중근 의사 유해발굴에 참여 하였다. 현재 북한 애국열사릉에 안치되어있다.

북한 안중근 의사 유해발굴 먼저 했다.

지금 사진이 보입니다.

사진은 1986년 북한에서 그 당시 주석이던 김일성이 유해를 찾으려고 지시했었고 북한 관계자가 직접 뤼순에 왔었습니다.

저 사진에 하얀색 옷을 입은 사람이 바로 안우생입니다. 저곳은 뤼순감옥에서 공동묘지라고 하는 곳입니다.

그 아래는 당시 고구마 밭이었습니다. 왼쪽에 흰 옷을 입은 사람이 뤼순감옥의 초대 관장인 주상영[17]입니다.

---

17) 주상영, 뤼순감옥 초대관장으로 1970-1996년까지 근무, 1986년 북한 안중근 의사 유해발굴시 참여, 2008년 한중 안중근 의사 유해발굴시 지도위원으로 참여, 현재 생존

이 때 다롄에서 3번에 걸쳐서, 유해발굴을 서류로 정리했던 중국문서들을 북한 유해발굴단에게 설명을 했습니다.

북한측에서 안우생을 포함한 5명의 유해발굴단 단원들이 직접 뤼순에 와서 안중근 의사의 유해발굴에 뜻을 두고 뤼순에 사는 조선족, 한족, 또 역사학자분들을 만나 심층조사를 했습니다. 여기 이 사진이 바로 현장을 조사했던 당시 사진입니다. 그러나 유해발굴은 성사되지 못했습니다.

한중 안중근 의사 유해발굴을 위해 힘을 합치다.

여기 이 사진은 2006년의 모습입니다. 2006년에 남북한이 안

중근 의사 유해발굴을 하려고 3차에 걸쳐 협상을 했습니다. 그

근거로 1911년에 뤼순감옥 뒷산에서 죽은 사람들에게 천도제

를 지냈는데 바로 저 사진입니다. 저 천도제 사진에 표시되어 있

는 지점이 중요합니다. 바로 저 지점이 안중근 의사가 묻힌 곳

이라고 증언한 사람이 있었습니다.

1910년대 뤼순감옥의 초대 감옥소장 딸이었던 '이마이 후사

코'라는 사람입니다. 이마이 후사코가 동경의 한국학 연구원

장이었던 최서면[18] 선생에게 사진 두 장을 전했습니다. 한 장은

---

18) 최서면, 본명 최중하(1928-2020), 강원도 원주 출생, 동경 국제한국연구원을 세워 안중근 의
사 선양, 사료와 유해발굴에 지대한 공헌을 하였다. 1979년 안중근 의사 수감 당시 간수장
인 구리하라의 딸 '이마이 후사꼬'로부터 두장의 사진을 건네 받아 '안중근의 묘'라는 보고서
를 작성했다. 그 결과로 2006년 북한과 공동조사를 하였고, 2008년에 한중 공동 유해발굴단
지도위원으로 참석하였다. 새로 쓴 안중근 의사 (1994) 저술

이마이 후사코 제공 (사진 제공 : 왕진인)

전면사진이고 또 한 장은 감옥 뒤쪽이 나와 있는 사진이었습니다.

정말 흥분되는 제보였지요. 그 사진에 근거해서 2006년에 남북한이 공동으로 안중근 의사 유해발굴을 계획하여 발굴 지점을 결정했습니다. 바로 뤼순감옥의 뒤쪽이었습니다. 원보산이라 불리는 감옥 뒤쪽에 있는 산인데 유해발굴을 결정해 놓고 바로 발굴을 바로 하지 못한 채 2년이 지났습니다.

드디어 2008년 3월 25일부터 4월2일까지 1차, 그리고 4월10일부터 4월 29일까지 2차에 걸쳐서 발굴작업을 진행했는데 북한은 문서상으로만 동의하고 직접 참여는 하지 않았습니다. 모두의 염

원이었던 안중근 의사의 유해를 찾기 위해 1,500평 정도의 땅을

팠지만 그 자리에 안의사님의 유해는 발견되지 않았습니다.

  그러나 저는 그러한 발굴작업이 실패라고는 생각지 않습니다.

물론 땅 속에서는 오래된 생활쓰레기와 뤼순감옥 죄수들의 저

장음식이었던 장아찌 보관항아리들이 나왔지만, 우리가 추정했

2008년 한중 안중근 의사 유해발굴 현장

던 곳이 아니라는 확증을 가질 수 있었고, 또 안중근 의사의

유해를 발굴하지는 못했지만 남과 북이 안중근 의사 유해발굴

을 하기 위한 공동노력을 했다는 사실, 더 나아가서 한국과 중

국이 유해발굴을 하기 위해서 노력을 했던 역사가 되었다는 점

에서, 앞으로 유해발굴 작업이 진척될 수 있는 근간을 제공했다

고 평가하고 싶습니다.

제 4 장

관동도독부감옥서
묘지에 계시다

제 4 장
관동도독부감옥서
묘지에 계시다

중국 단독으로 안중근 의사 유해발굴을 하다.

현재 한국 정부와 중국정부에서는 '선 자료, 후 발굴'의 원칙

을 강조하고 있습니다. 즉, 선 자료, 후 발굴이란 '안중근 의사

님의 매장지 자료가 정확하게 나와야, 발굴을 하겠다.' 라는 기

본적인 방침인 것입니다. 2008년에 중국단독으로 유해발굴작업

을 한 후에 찍은 사진이 있습니다. 저 사진을 보시면 두 사람이

2008년 중국 뤼순감옥 단독 발굴지 소포태산 발굴전 설명하는 유만리(검은잠바)와 화문귀관장

2008년 중국 뤼순감옥 단독 발굴 현장

있습니다. 한 사람은 뤼순감옥 주차장을 임대해서 관리하던 중

국인 '유만리'라는 사람인데 뤼순감옥 주변에, 정확하게는 뤼순

감옥 서쪽 교회당 밑에 '고려인 무덤이 있다.' 는 노인의 증언을

듣고, 뤼순감옥에서 단독으로 다롄시 정부에 공문을 넣어서 유

해발굴을 했던 사진입니다.

　당시 뤼순감옥의 화문귀 관장과 왕진인[19] 부관장이 새벽에

발굴하려는 곳에 제사를 지내고 인부들을 동원해서 2미터 이

상 땅을 팠습니다. 하지만 생토가 나와서 안타깝게도 유해를

---

19) 왕진인(1953~), 다롄시 롱왕탕 출신, 뤼순일이감옥구지 박물관 부관장 역임, 100여편의 논
　문 저작, 2006년 남북 안중근 의사 유해발굴, 2008년 한중 안의사 유해발굴, 2008년 중국 단
　독 안중근 의사 유해발굴, 2010년 미군 유해발굴시 참여하였다.

安重根埋葬地寻访调查（一）

2008年10月16日
勘探尖挺位置:
北纬: 38°49'49.3"
东经: 121°15'17.6"
海拔 39米

崔书勉提供的数字.
北纬: 38°49'3"
东经: 121°15'43"

뤼순감옥 단독 발굴시 좌표(소포태산)

찾지는 못했습니다. 그러나 뤼순감옥 즉, 중국에서도 이처럼 단

독으로 유해발굴을 위해 시도를 했다는 점이 중요합니다. 그 지

점은 소포태산 앞 흙무덤입니다. 저는 안중근 의사의 유해발굴

을 위해서 중국에서도 노력을 하고 있었다라는 걸 중요하게 생

각합니다. 안타깝게도 저 장소는 지금, 아파트를 짓느라 파낸

흙을 그 곳에 덮어버려서 흙산이 되어버렸습니다.

미국은 자국민 유해발굴조사를 하였다.

이 사진은 안중근 의사님의 유해발굴의 방법에 긴요한 연관성

2010년 미군유해발굴

을 갖고 있는 사진입니다. 1944년 심양에 미군 포로가 있었습니다. 그 미군 포로가 탈출을 했다가 다시 잡혀 뤼순감옥에 수감되었다가 옥사를 했고, 역시 뤼순감옥 묘지에 매장되었습니다.

미국은 2010년에 하와이에 있는 유해발굴센터가 뤼순감옥에 협조를 받아서 그 미군의 유해를 찾았습니다.

제가 알기로 심양의 모대학 양 모 교수가 미군 유해발굴에 동참했는데 G.P.R이라고 하는 '지표투과 조사[20]' 방법으로 실제 땅을 파지 않고 유해를 찾는 작업을 시도하였습니다. 그러

---

20) 지표투과 조사(Ground Penetrating Radar) : 초광대역(UWB) 전자기파로 내부 구조물을 탐지하는 비파괴탐사법이다. 전자기파를 투과한 뒤, 물체에 반사되어 되돌아오는 전파를 분석하여 영상화한다. 지하 내부의 구조와 상태 등을 포함해 내부에 존재하는 대상물의 위치와 크기, 물성 등을 확인할 수 있다.

나 애석하게도 미군 포로 유해를 발굴하지는 못하였습니다.

현재 중국의 입장은 이렇다.

서두에서 말씀드렸다시피 대한민국 정부에서도 2019년에 임시

정부 100주년을 맞아 유해발굴에 관심을 보이긴 했지만, 중국정

부에서 요구하는 기본적인 요건이, 안중근 의사님의 고향이 황

해도 해주이기 때문에 남북이 공동으로 신청을 해야 한다는 것

때문에 흐지부지 인 상태입니다.

남과 북이 합의하여 유해발굴 신청을 한다면 중국에서도 현

재 의사님의 유해가 묻혀있을 것으로 생각되는 여러 지점들을

공동으로 조사해보겠다고 합니다.[21]

  그렇기 때문에 한국 정부에서 현재 '안중근 의사 유해 매장

추정' 지라고 이야기 하고 있지만 대한민국이 단독으로 할 수

가 없는 것입니다.

한국 안중근 의사 매장 추정지역은 세 곳이다.

  현재 한국 정부는 안중근 의사의 매장지를 대략 세 곳으로 추청

---

21) 현재 안중근 의사 유해발굴이 답보 상태에 있다. 그러나 이럴 때 일수록 안중근 의사의 가
르침을 따라야 한다고 생각한다. 안중근 의사의 (안응칠 역사)에 따르면 의병투쟁의 필요
성을 연해주에서 설파하실 때 이런 말씀을 하셨다. "스스로 할 수 없다는 생각은 망하는 근
본이오. 스스로 할 수 있다는 것은 만사가 흥하는 근본이다" "여러 분들에게 묻습니다. 앉
아서 죽기를 기다리는 것이 옳습니까? 분발하고 힘을 내는 것이 옳습니까? 우리 모두 결
심하고 각성하여 용감하게 싸웁시다"라고… 말씀하시고 안중근 의사는 국외의병 최초로
국내로 진격하셨다. 우리는 어떠한 난관이라도 안중근 의사의 가르침을 마음에 새기고 유
해발굴에 박차를 가해야 한다.

2006년 남북한 안중근의사조사단시뤼순감옥뒤 부지(현 힐원 아파트 공사전)

하고 있습니다.

첫 번째 추정지는 2008년에 유해발굴을 시도하다 실패한 '원

보산'입니다.

두 번째 추정지는 뤼순감옥 단독으로 발굴을 시도했던 곳입

2008년 한중 안중근 의사 유해발굴 후 들어선 힐원아파트

뤼순감옥 공동묘지가 있는 1950~60년대 주변 모습. 중국은 농업 생산력을 높이기 위해 산을 개간하여 활용했다. 전부 묘지로 둘러 싸여 있는 아래 평평한 부분이 바로 현재 뤼순감옥 공동묘지다. 가끔 한국식 능선이 보이는 묘지도 보인다.

소포태산앞 등펑가교회와 반도인샹 흑무덤

니다. 그곳의 지명을 '반도인샹' 또는 '소포태산'이라고 부르는

데, 그 지역에서는 아파트 신축으로 흙무덤이 된 그 밑을 매장

지로 추정하고 있습니다. 세 번째 추정지는 바로 뤼순감옥에서,

또 중국정부에서 공식적으로 지정한 '뤼순일아감옥구지 옛터'인

2001년 지정, 뤼순일아감옥구지 옛터 묘지, 일명 동산퍼, 뤼순감옥 공동묘지

데 2001년에 다롄시 정부에서 지정한 공동묘지입니다.

바로 이 세 곳을 우리정부에서는 안중근 의사 유해 매장지로

추정하고 있지만 아직은 그 발굴에 대해 구체적인 방안을 마련

하지 못하고 있는 실정입니다.

관동도독부 감옥서 왜 중요한가?

저는 여러분에게 간절하게 호소를 드립니다. 안중근 의사는

1910년 3월 26일 10시 4분에 돌아가셨습니다. 많은 사람들이

'뤼순감옥' 또 다른 말로는 '여순감옥'이라고 하는데, 공식명칭

은 '뤼순일아감옥구지박물관'입니다. '일'이라는 건 일본이고

'아'는 아라사, 즉 러시아입니다. 뤼순 감옥은 1902년에 러시아

가 만들어 1904년 러일전쟁 시기까지 러시아가 운영하다가, 러

일전쟁 이후 일본이 뤼순을 재점령하여 러시아와 일본이 순차

적으로 관리했던 감옥입니다.

저는 의사님이 돌아가신 1910년도에 뤼순감옥의 공식명

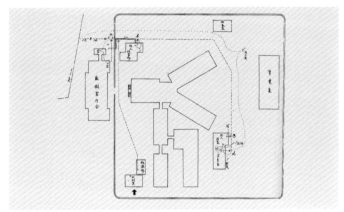

뤼순 감옥 안중근 사형장 발견 당시 수도관 배치도

칭 '관동도독부감옥서'라는 개념이 아주 중요하다고 생각

합니다.

더 정확하게 말하면 '관동도독부민정서감옥서[22]'입니다. 제가

---

22) 뤼순일아 감옥 구지 박물관의 명칭은, 1907년 11월 관동도독부감옥서, 1920년 관동청 감옥, 1926년 관동청 형무소, 1936년 12월 관동형무소, 1939년 뤼순형무소, 1971년 7월 제국주의 전람관, 1983년 6월 뤼순제국주의 침화유적 보관소, 1992년 8월 뤼순일아감옥구지진열관, 2003년 5월 뤼순일아감옥구지박물관, 그리고 다롄시 근대사 연구소로 명칭 변경하여 현재에 이르고 있다.

이것을 중요하게 언급하는 이유는, 안중근 의사님과 관련된 유해, 또는 여러 가지 사료를 찾을 때, 일본에서 또는 러시아에서 또는 미국에서 '뤼순감옥'으로 검색하면 안중근 의사에 대한 사료들이 검색이 되지 않습니다.

의사님이 돌아가신 당시의 공식명칭이 '관동도독부감옥서'이기 때문에 반드시 '관동도독부감옥서'라는 명칭을 정확하게 알고 검색을 해야 한다는 뜻입니다.

안중근 의사 사형 시말 보고서 있다.

이 사진은 안중근 의사가 돌아가신 후 실제 기록을 남겼던

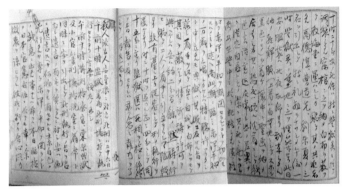

소노키 '안' 의 사형 시말 보고서

사람 소노키 스에요시가 남긴 문서입니다. '소노키 히데요시'

는 1910년 조선통감부에서 통역으로 뤼순에 왔습니다. 그 후

관동 도독부 법원 촉탁으로 신분이 바뀝니다.

이 소노키 스에요시가 안중근 의사님이 돌아가신 직후 기록

을 하여 일본외무성과 조선통감부에 '안의 사형시말 보고서'

뤼순일아 감옥 구지 박물관 전경 1916년

즉, 안중근 의사 사형에 대한 처음과 끝의 보고서라는 공식적

인 보고를 남겼습니다.

　그 보고서에는 "안은 10시 4분에 절명을 하고 나서 교회당

으로 안을 운구해서 우덕순, 조도선, 유동하로 하여금 한국식

예를 갖추었다." 라고 적혀있습니다.

이 바로 전 기록에는 안중근 의사의 유해를 침관에 넣어서

교회당으로 운구했다고 기록하고 있습니다. 그리고 이어서 "오

후 1시에 감옥서 묘지에 묻혔다." 라고 쓰여져 있습니다.

이 기록을 정리하면 안중근 의사는 10시 4분에 돌아가셨

고, 10시 15분에 의사의 사망판정이 있었고, 그 후 유해를 침

관에 넣었다는 말입니다.

그 후 11시 경에 침관을 교회당으로 운구했고, 감옥서 묘지에

1시에 묻히기까지 두 시간 정도 걸렸다고 추정할 수 있습니다.

즉 뤼순감옥에서 두시간 반경(半徑)의 위치가 안중근 의사

의 유해가 묻힌 장소가 되는 것입니다.

일본 신문기사가 있다.

의사님이 순국하신 26일이 토요일입니다. 27일은 일요일, 즉 관공서가 휴일이었기 때문에 28일 월요일에 안중근 의사의 순국 기사가 많은 신문에 보도가 되었습니다.   일본 동경에 있는 아사히신문, 또 오사카 마이니찌 신문, 또 중국 만주의 만주일 일신문을 비롯한 여러 신문에 기사가 실렸고 이러한 기사들은 한국정부에서 조사한 자료입니다. 제가 세 차례에 걸쳐 일본 국회 도서관에 가서 당시 보도된 신문자료를 확인한 바에 의하면

안중근 의사는 관동도독부 감옥서 묘지에 묻혔다.

- 안의사 사형 집행 시말 보고서(조선 통감부 소노끼)

[문서계복]　　[安重根 死刑 집행 상황]
[발송자]　　[遠藤爆託 헌監府 遠譯生 園木末嘉]
살인 피고인 安重根에 대한 사형은 26일 오전 10시 監獄署 내 형장에서 집행되었습니다.
그 요점은 아래와 같습니다. (중략)
10시 20분 뭔쇼의 시체는 특별히 監獄署에서 만든 棺樋에 이를 거두고 흰색 천을 덮어서
교회당으로 운구 되었는데, 이윽고 그 공범자인 禹德淳·曹道先·劉東夏 3명을 끌어내어
특별히 예배를 하게하고 오후 1시에 監獄署의 묘지에 이를 배장했습니다. (중략)
위를 보고합니다.
遠藤爆託 헌監府 遠譯生 園木末嘉印

-당시 각종 신문(8가지 이상)의 안중근의사 유해 감옥서 묘지 매장 보도

"유해는 오후 1시 공동묘지에 매장" (1910.3.27. 오사카 마이니치 신문大阪每日新聞最순전보 26일)
"안중근의 시체는 감옥묘지에 특별히 회판에 보여 매장" (1910. 3. 27. 오사카 마이니치 신문大阪每日新聞)
"유골은 감옥권 공동묘지에 매장" (1910. 3. 27. 모지신보 最순전보 26일 발 인용)
"안중근의 시체는 감옥묘지에 특히 판에 보낸 특별 대속을 받고 매장" (1910. 3. 27 모지신보 대련전보 26일)
"유해는 最순감옥묘지에 매장" (1910 3 28 도료일일신문東京日日新聞대련 전보)
"시체는 오후에 감옥공동묘지에 매장" (1910 3 29 만주신보 滿州新報)
"안중근의 사체를 오후 감옥공동묘지에 묻었다" (1910 3 29 만주신보 滿州新報 26일 最순지국 발)
"안중근 사체는 오후 1시 감옥공동묘지에 묻었다" (1910 3 27 만주일일신문滿州日日新聞)

안중근 의사 매장지 신문기사, 만주 일일 신문 등 20개 신문

대략 20여개 이상을 발견했습니다. 지금까지 살펴본 것처럼

"유해는 오후 1시 공동묘지에 매장되었다."

"안중근의 시체는 감옥묘지에 매장되었다."

이렇게 나와 있습니다. 사진에서 확인할 수 있습니다.

저는 감히 안중근 의사의 유해는 그 당시 즉, 1910년 3월 26

일에는 "관동도독부감옥서 묘지에 묻혔다"라고 생각합니다. 그

러면 무엇이 문제인가? 바로 관동도독부감옥서 묘지가 어디냐

는 것입니다. 정확한 위치가 아직 사료적으로 입증이 안 되어있

습니다. 그리고 당시 관동도독부감옥서 묘지가 현재 '뤼순일아

감옥묘지 옛터' 인지도 알 수 없습니다. 무한 선자료 후발굴만

할 것인가? 이것이 가장 큰 고민입니다.

이 사진에서 보는 것처럼 안중근 의사 매장지에 관한 신문기

사입니다. "오후 1시에 감옥 묘지에 묻혔다."라는 것을 다시 한

번 확인하시라고 보여드리는 것입니다.

안중근 사형집행과 공동묘지 매장 일본신문

안중근 의사 유해 단서는 네가지 이다.

많은 사람들이 저에게 묻습니다.

"안중근 의사의 유해를 그러면 어떻게 찾느냐? 그리고 많은

유해 중에서 어떻게 안중근 의사의 유해라고 단정할 수 있느

냐."라는 의문을 제기합니다.

만약 안중근 의사님의 유해를 발굴한 후의 질문이라면 얼마나 행복하겠습니까?

이러한 의문들을 명확하게 밝힐 수 있는 논리가 이미 확보되어 있기 때문입니다.

자, 이제 하나하나 안중근 의사님의 유해라고 단정 지을 수 있는 논리를 말씀드리겠습니다.

첫 번째는 뤼순감옥에서 옥사한 죄수들의 관과 안중근 의사님의 관은 모양이 다릅니다. 위에서 언급했던 소노키 보고서에 의하면 안중근 의사님은 침관, 즉 우리가 알고 있는 나무로 된

직사각형의 관에 모셔졌습니다. 그러나 뤼순감옥의 죄수들은, 침관이 아니고 원통형 통에 묻혀 있습니다. 원통형 통이라고 하니 궁금해하실 것 같아 자세하게 설명 드리겠습니다. 당시 뤼순감옥에서 교수형을 할 때 사망을 확인한 후에 교수대의 끈을 자르면 시신은 그대로 아래로 떨어져 둥그런 나무통에 그대로 들어갑니다. 나무통을 위에서 억지로 누르면 시신은 양 무릎 사이로 둥그런 모양으로 구겨지고 머리는 가슴으로 떨어져 둥그런 통에 시신모양도 둥그렇게 굳어버립니다. 그러면 나무통 뚜껑을 닫아 그대로 묻어버립니다.

실제로 뤼순감옥 공동묘지에서 1965년, 나무를 심다가 발견

뤼순감옥 희생자 원통형 유골

된 유골통을 그대로 뤼순감옥에 가져다가 전시를 했었습니다.

그후 1972년에도 뤼순감옥 주변에 공동묘지에 홍수가 났을 때

유골통이 쓸려 나왔는데 똑같은 형태의 원통형이었습니다. 그

런데 안중근 의사님의 관은 네모난 침관이라고 기록되어 있으

니, 유골도 누워있는 상태로 확실하게 다르다는 것입니다.

두 번째는 바로 안중근 의사님의 후손에게서 DNA를 확보했

기 때문에 유전자 감식방법으로 가장 정확히 확증할 수 있는

근거가 있다는 것입니다.

다음 세 번째가 아주 중요합니다. 그 당시 관동도독부 감옥

뤼순감옥 출토된 파란색 유리병, '장원정(중국인)'이라는 희생자 이름이 있었다.

법에 의하면, 유해들은 사망장에 반드시 망자의 기록을 하게 되어 있었습니다. 망자의 기록은 사망장에도 기록되지만 반드시 유골통에 망자의 이름을 기록한 작은 유리병을 함께 묻게 되어 있습니다. 실제로 1971년에 뤼순감옥의 관동도독부 공동묘지에서 땅을 팠을 때 원통형의 유골에서 각각 이름이 적혀 있는 파란색 유리병이 발견되었습니다. 안중근 의사님의 유해를 발굴해서 침관에 넣은 유리병에 안중근 의사님의 이름이 쓰여져 있다면 이것은 두말할 것도 없이 확증자료가 되는 것입니다.

이제 네 번째는 여러분 모두가 다 아시다시피 의사님이 1909년 봄에 러시아 크라스키노에서 단지동맹을 하셨습니다. 제가

2019년 일본 외교사료관에서 안중근 의사가 크라스키노에 있는 최재형[23]의 집에서 단지를 했다는 기록을 찾아냈습니다. 안중근 의사님은 자신이 쓰신 유묵에 왼손 약지가 잘린 손바닥 수장을 당신의 대표적인 증표로 사용하셨습니다. 만약 유해에서 4번째 무명지 손가락이 잘려져 있다면 이는 중요한 단서일 것입니다.

저는 위에 예를 든 네 가지야 말로 안중근 의사님의 유해에 회의를 제기하시는 분들에게 자신 있게 말할 수 있는 최고의

---

23) 최재형(崔在亨, 1860~ 1920) : 안중근 단지동맹. 당시 거처, 안중근 가족 돌봄, 연해주 독립운동가.

확증자료라고 분명히 말씀드릴 수 있습니다.

한국은 중국에 유해발굴 제안하였다.

현재 한국에서 중국정부에 안중근 의사 유해발굴을 제안한 것이 위에서 언급한 바로 관의 모양에 관한 것입니다. 지표투과 조사(GPR) 원래 지표투과 레이더라고 하는데 뤼순지역이 군사 지역이라 중국쪽의 반감을 줄이기 위하여 저는 지표투과 조사 라고 하겠습니다. 지표투과조사 'GPR' 방식은 땅꺼짐 현상 즉 맨홀을 조사할 때 사용되는 방식입니다. 이 방식을 통해서 땅 을 파지 않고도 뤼순의 감옥묘지 일대에 지표투과조사를 할

二、每年死刑數一覧

年度	国別 （内地）日本人	朝鮮人	中國人	計
1906 年			16 女1	16 女1
1907 年			25	25
1908 年	3		19	19 女1
1909 年			1	1
1910 年	1	1	7	9
1911 年				
1912 年				
1913 年				
1914 年			1	1
1915 年			1	1
1916 年	1		1	2
1917 年				
1918 年			2	2
1919 年				
1920 年				
1921 年			1	1
1922 年				
1923 年				
1924 年	1		2	3
1925 年			1	1
1926 年		1	3	4
1927 年	3		2	5
1928 年	1		2	3
1929 年	1		3	5
1930 年		1	3	4
1931 年	1		1	2
1932 年	1		1 女1	2 女1
1933 年		2	4	7
1934 年		1	7 女1	8 女1
1935 年	2		6	6
1936 年	1	4	7 外4女1	13 外4女1
		1		2

注 表中 "外" 字指外國人。

뤼순 감옥 실록에 수록된 사형자 수

수 있습니다. 너무 오랜 시간이 지나 설사 원통형의 관과 사각으로 된 침관의 형태가 허물어졌다고 해도 의사님의 유골은 누워있는 상태일 것이고 원통형의 유골은 다리와 팔과 가슴이 동그랗게 뭉쳐진 상태일 것입니다. 대부분의 죄수들이 원통형관에 묻혔으니 침관은 어쩌면 안중근 의사님 한 분일 확률이 높습니다. 뤼순

감옥일아감옥구지박물관[24)에서 2002년에 펴낸 『뤼순일아감옥

실록, 旅順日俄監獄實錄』[25) 책에도 1910년 뤼순감옥 사형자는

조선인 1명이라고 기록하고 있습니다.

만약 지표투과 조사방법으로 직사각형의 관 모양을 발견한

다면 바로 땅을 파서 유골을 수습하여 후손들에게서 확보해

놓은 DNA 유전자 검사를 하면 가장 정확할 것입니다.

---

24) 뤼순일아감옥구지박물관은 다롄시 뤼순구구 상양가 139호에 있다. 1902년에 러시아가 건
립하였으나, 1907년 일본이 접수하면서 확장했다. 면적 2만6천평방미터, 감방 275, 암실 4,
공장 15개, 동시 수감인원 2000여명이 넘는다. 감옥외부에는 벽돌공장, 임업장, 과수원, 채
소재배지, 감옥묘지가 있다. 1945년 8월 일본이 투항하면서 감옥은 해체되었다. 1971년 7
월 6일 박물관으로 개방하였다. 안중근 의사가 1909년 11월 3일부터 1910년 3월 26일까지
수감되고 순국된 곳이다.

25) 뤼순일아감옥실록은 뤼순일아감옥구지 박물관과 다롄시 근대사연구소가 저술하고, 길림
인민출판사에서 2003년 6월 출판되었다. 주요 내용은 제정러시아 시기 뤼순감옥, 일본식민
통치시와 뤼순감옥상관법령, 옥중부분의 임직자 진술과 증언, 수감자 진술이다. 1898년부
터 1945년의 뤼순감옥 역사 발전과정과 문헌 사료가 수록되어 있다.

중국은 안중근 의사 출생지를 들어 북한과 협조하여 신청하라고 합니다. 안중근 의사 유해도 여전히 통일의 과제 입니다.

안중근 의사님의 유해발굴은 반드시 해야 하고 111년 전 안중근 의사의 마지막 유언을 지켜드려야 합니다.

제 5 장

참 평화의
길이다

제5장
참 평화의 길이다

안중근 의사의 다양성

자, 그렇다면 우리는 왜 반드시 안중근 의사의 유해를 발굴

해야만 할까요?

안중근 의사의 키워드는 독립운동가, 교육자, 종교인으로 특

정 지을수 있습니다.

저는 그 어떤 키워드보다도 안중근 의사님은 '평화주의자'라

고 생각합니다. 인류의 보편적 가치인 평화를 누구나 다 사랑합

니다. 그런데 유독 왜 안중근 의사님을 '평화주의자'라고 얘기

하느냐? 안중근 의사님이 뤼순감옥에서 144일 계시는 동안에

미완성이지만 『동양평화론』[26]을 쓰셨습니다. 그 서문은 이렇게

마무리 됩니다.

'동양평화를 위한 의전(義戰)을 하얼빈에서 개전하고 담판

(談判)하는 자리를 뤼순구(旅順口)에서 정했으며, 이어 동양평

화 문제에 관한 의견을 제출하는 바이니 여러분은 눈으로 깊이

---

26) 동양평화론은 서문, 전감, 현상, 복선, 문답으로 나뉘져 있다. 안중근 의사는 서문과 전감 일부만을 집필했을 뿐 나머지는 일제가 서둘러 시형을 집행함으로써 미처 완성하지 못하고 순국하셨다. 현재도 주변국가들의 군비증강과 안보불안으로 남북통일 문제 등이 해결되지 않고 있다. 당시 안중근 의사 평화사상은 후세를 살고 있는 우리 모두에게 소중한 교훈을 주고 있다.

미완성 동양 평화론

살필지어다.'라고 쓰셨습니다. 그후 의사님은 돌아가시기 직전까

지도 관동도독부 감옥서 소장 구리하라와 검찰관에게 이렇게

이야기하셨습니다.

"너희 일본인들은 너희 나라로 돌아가서 동양평화에 힘쓰라."

하지만 일본은 그 후 어떤 길을 걸었습니까? 평화를 교란시키고 대륙침략의 야욕에 눈이 멀어 결국 세계최초로 원자폭탄의 폭격을 받았습니다.

과거에도, 현재에도, 미래에도 인류의 보편적 가치는 평화입니다. 그 평화를 실현시키고자 의사님이 노력하셨습니다.

우리가 평화주의자 안중근 의사를 기억하고 평화주의자 안중근을 기리고 선양할 때, 안중근 의사님은 한국의 독립운동가를 넘어 아시아 더 나아가서는 세계의 평화주의자로 격상시킬 수 있습니다. 그 길은 우리 대한민국의 국격을 높이는 일이기도 합니다.

안중근 의사는 평화주의자이다.

안중근 의사가 왜 평화주의자인가, 위에서 언급한 것 외에 몇 가지 더 이야기 해 보고자 합니다. 안중근 의사님이 뤼순에 오셨을 때, 미조부치 검찰관이 심문을 하면서 묻습니다.

"동양은 어디인가?" 안중근 의사께서는 "동양은 바로 중국, 일본, 조선, 미얀마, 그리고 베트남까지가 동양이다."라고 말씀하셨습니다. 그 당시 검찰관 미조부치[27]도 안중근 의사가 『동양평화론』을 저술한다는 것을 알고 있었습니다. 그가 다시 "동

---

27) 미조부치 다카오(溝淵孝雄, 1874-1944) : 관동도독부 검찰, 안중근 의사 전담검사

양평화가 뭐냐?"라고 묻자 안중근 의사님은 "각각의 나라가

자주적으로 독립하는 게 바로 평화다." 라고 답하셨습니다.

그 후 안중근 의사가 2월 14일 사형언도를 받자마자, 무엇을

하셨는지 아십니까? 잘 알려진 바와 같이 안중근 의사의 모친

이 말씀하셨던 시모시자의 말씀대로 "떳떳하게 당당하게 항소

하지 말고 죽어라."라는 어머님 조마리아[28] 여사의 말씀을 따르

기로 결심합니다.

그 후 안중근 의사님은 구리하라 감옥소장을 통해서 그 당

---

28) 조성녀(趙姓女, 1862-1927, 세례명 마리아(瑪利亞) : 안중근의 어머니, 독립운동가, 국채보상
　　운동과 상해재류동포 정부경제 후원회 위원
29) 히라이시 우진토(平石义人, 1864-?,생몰미상) : 관동도독부 고등법원장

히라이시 면담 청취에 대한 일본 외무성에게 보낸 공문

시 관동도독부 고등법원장이었던 히라이시[29)]에게 면담을 요청했습니다.

면담내용을 정리한 히라이시 「청취서」에 보면 안중근 의사께서 동양평화 협의체를 말씀하시면서 "뤼순에 동양평화 협의체를 만들자."라고 제안을 하셨습니다. 안중근 의사가 왜 뤼순에 동양평화 협의체를 만들려고 했을까요? 바로 뤼순의 지정학적 중요성을 간

파한 것입니다.

뤼순은 반부근대사, 노천박물관이다.

중국 근대사를 살펴보면 1840년부터 1949년까지 신중국이

성립되기까지 109년을 중국의 근대사라고 말합니다. 그중에서

가장 중요한 사건인 1894년부터 1895년에 걸쳐 청일전쟁이 뤼

순에서 있었습니다. 또 1904년부터 1905년까지의 러일전쟁과 함

께 이 양대 전쟁이 뤼순에서 있었습니다.

또한 뤼순은 1898년부터 러일전쟁 전 1904년까지 러시아가

조차를 하고 있었습니다. 뤼순은 40년에 걸쳐 일제에 의해 식민

지배를 받은 굴욕의 역사를 안고 있습니다.

백옥산 탑(일본이 러일 전쟁
승리후 세운 기념탑)

우리나라는 일제식민시기 36
년 동안 굴욕의 기간이 있었지
만, 뤼순은 1905년부터 45년 8
월 22일까지 40년에 걸친 일제
강점 시기가 있었습니다.

그 후 1945년부터 55년까지

러시아(당시 소련)가 뤼순을 실효적으로 지배를 했습니다. 이 시

기까지 합하면 뤼순은 무려 61년동안 외세의 지배를 받은 것입

니다.

중국 근대사 109년의 기간 중에 61년동안 바로 뤼순과 대련

뤼순 백옥산에서 바라 본 전경

에 역사적인 아픔을 간직하고 있었던 것입니다.

안중근 의사님은 물론 그 이전에 돌아가셨지만, 청일전쟁과

러일전쟁의 주 격전장 뤼순이고 세계사에서 첨예한 지역이 뤼순

이었기 때문에 바로 안중근 의사께서는 뤼순을 주목하셨던 것

입니다.

하여 중국에서는 뤼순을 반부 근대사 즉, 109년의 절반인 61

년 정도의 절반의 근대사에서 뤼순이 절반의 역사를 가지고 있

다는 뜻으로 '반부 근대사'라고 얘기하고 있습니다.

뤼순은 강화도이다.

뤼순은 '노천박물관'이라고 할 정도로 외침의 교두보로서의

흔적이 많이 있습니다.

우리나라에서 외침의 관문역할을 했던 강화도와 비슷한 곳

이 뤼순으로 수도로 들어가는 길목에 위치하고 있어서 중국에

서는 '경진문호(京津門戶)'라고도 합니다.

이 말은 북경과 천진으로 들어가는 입구라는 말입니다.

이러한 지정학적 위치로 봐서 뤼순은 상당히 중요한 지역이었

습니다.

료동반도 최남단 뤼순 황발해 분계선

안중근 의사는 바로 이점을 간파하시고 "뤼순에 동양평화 협

의체를 만들자."라고 제안을 하였습니다. 우리나라의 강화도와

지정학적으로 역사적 부침이 닮았습니다.

뤼순에 평화지대를 제안 하시다.

안중근 의사가 관동도독부 고등법원장 히라이시와 면담한 「청취서」에 다음과 같은 내용이 있습니다.

"일본이 오늘날까지의 정책을 고치겠다고 세계에 발표하는 것은 일본으로서는 다소 치욕이 되는 점도 있을 것이나 이는 불가피한 일이다. 새로운 정책은 뤼순을 개방한 일본, 청국 그리고 한국이 공동으로 관리하는 군항으로 만들어 세 나라에서 대표를 파견해 평화회의를 조직한 뒤 이를 공표하는 것이다. 이 것은 일본이 야심이 없다는 것을 보이는 일이다. 뤼순은 일단 청국에 돌려주고 그것을 평화의 근거지로 삼는 것이 가장 현명한 방법이라고 생각한다. 패권을 잡으려면 비상한 수단이 필요

동양평화론의 주요 내용

1 동양의 중심지인 뤼순(旅順)을 영세중립지대로 정하고, 상설위원회를 만들어 분쟁을 미연에 방지한다.

2 한중일 3개국이 일정한 재정을 출자하여 공동은행을 설립하고, 공동화폐를 발행하여 어려운 나라를 서로 돕는다.

3 동북아 공동 안보체제 구축과 국제 평화군을 창설/2개 언어사용

4 로마 교황청도 이곳(뤼순)에 대표를 파견하여 국제적 승인과영향력을 갖게 한다.

동양평화론 주요 내용

하다는 것은 바로 이 점을 말하는 것이다. 뤼순의 반환은 일본

의 고통이 되기는 하지만 결과에 있어서는 오히려 이익을 주는

일이되 세계 각국이 그 영단에 놀라고 일본을 칭찬하고 신뢰하

게 되어 일본, 청국, 한국이 영원한 평화와 행복을 얻기에 이를

것이다. 재정확보에 대해 말하자면 뤼순에 동양평화회의를 조직

하여 회원을 모집하고 회원 한 명당 회비로 1원씩 모금하는 것

이다. 일본, 청국 그리고 한국의 국민 수억이 이에 가입하는 것

은 의심할 여지가 없다. 은행을 설립하고 각국이 공용하는 화폐

를 발행하면 신용이 생기므로 금융은 자연히 원만해질 것이다.

그리고 중요한 곳에 평화회의 지부를 두고 은행의 지점도 병설

하면 일본의 금융은 원만해지고 재정은 완전해질 것이다. 뤼순

의 유지를 위해서 일본은 군함 5,6척만 계류해 두면 된다. 이로

써 뤼순을 돌려주기는 했지만 일본을 지키는 데는 걱정이 없다

는 것을 다른 나라에 보여주는 것과 다름이 없다."

"뤼순이 이렇게 첨예한 지역이니까 뤼순을 영세중립지대로 하고 분쟁을 막자."라고 하시면서 당시 일본이 지배하고 있던 뤼순을 중국에게 돌려주고 세 나라의 군대, 즉 일본군, 한국군, 중국군이 뤼순을 지키게 하자고 제안하셨습니다. 또한 각 나라의 군인들이 의사소통이 안 될 수가 있으니, 반드시 2개 국어를 해야 한다고 하셨습니다. 이는 지금의 UN의 평화유지군 개념으로 이해하시면 되겠습니다.

"2개 국어를 할 수 있는 군인들로 하고 예산은 공동화폐를 발행해서 공동으로 관리하자."라고 하셨습니다. 이는 동북아 안보를 위해 군대를 창설하자는 제안이었고 더불어 뤼순의 동양

평화 협의체가 관리·감독을 받기 위해서는 의사님이 천주교 교

인이었기 때문에 "교황청에 관리·감독을 받자." 라는 제안을 하

셨습니다. 안중근 의사님을 평화주의자라고 평가하는 것은 바

로 이런 혜안을 갖고 계셨기 때문입니다.

앞에서 살펴본 것처럼, 안중근의사와 히라이시와의 면담과정

을 기록한 「청취서」에서 안중근의사는 동양평화론에 대한 새로

운 방책은 바로 일본이 세계 각국의 신용을 얻는 일이고, 일본

이 해야 할 급선무는 현재의 재정을 정리하는 것이라 하였습니

다. 또한 평화회의를 정착시키는 방법을 강구하며, 세계 각국이

일본의 약점을 노리고 있으니 이에 대비하기 위하여, 세계 각국

의 지지를 얻는 일이라고 하였습니다. 안중근의사는 일본을 바

로 잡음으로써 동양의 평화를 유지 할 수 있다고 보았습니다.

일본이 대외정책을 시정하지 않는 한 동양의 평화와 한국의 독

립은 요원할 것으로 여긴 것입니다. 그러나 일본은 안중근의사

의 해법을 따르지 않고 1910년 한국의 강점, 1931년 만주사변

에 의한 중국 동북지역 지배, 1937년 중일전쟁 발발 확대, 1941

년 태평양 전쟁으로 전세계의 평화를 위협하다가 1945년 8월 세

계의 보복을 받고 원자탄에 의하여 전쟁에 패망하고 말았습니다.

안중근 의사의 혜안과 예견이 놀라울 뿐입니다. 「청취서」가 안중

근 의사의 항고포기 용도로만 사용되고 용도폐기 되었습니다.

평화주의자 안중근 의사의 유해 찾기에 가장 기본이 되는 것

은 안중근 의사의 유해에 대한 끊임없는 관심입니다. 우리는 의

사님이 돌아가신 3월 26일을 기억하고 또 사형선고를 받은 2월

14일에 안중근 의사는 어떤 생각을 하셨는지 기억해야 합니

다.[30] 그러나 애석하게도 2월 14일이 되면 우리는 발렌타인데이

라는 것만 알 뿐입니다.

안중근 의사님이 이토 히로부미를 처단한 하얼빈 의거일인 10

월 26일을 기억하고 의사님에 대한 국민적인 관심을 지속적으

---

30) 영국 화보신문 더그래픽(The Graphic) 1910년 4월16일자에 실린 찰스 모리머(Charles Morrimer) 기자의 '안중근 공판 참관기'는 재판 기록의 마지막 기사 내용을 보면, 당시 법정의 분위기를 생생하게 전달해주고 있습니다. '그는 이미 순교자가 될 준비가 되어 있었다. 준비 정도가 아니고 기꺼이, 아니 열렬히 귀중한 자신의 삶을 포기하고 싶어했다. 그는 마침내 영웅의 왕관을 손에 들고는 늠름하게 법정을 떠났다"

로 가져야 됩니다.

안중근 의사 유품은 일본 어디에 있나?

우리는 지금까지 안중근 의사님이 의거에 사용하신 권총, 미

완성인 『동양평화론』 원본, 그리고 안중근 의사님 자서전인

『안응칠 역사』까지도 원본을 찾지 못했습니다. 일본 국회도서

일본 국립 국회 도서관

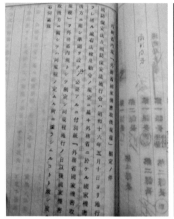

일본 외무성 국가기밀 취급 규정

일제는 국방 보안법 및 국방보안법 시행령에 의거 쇼와 16년(1941) 5월 10일에 외무성 국가 기밀 취급규정을 마련하였다.

관, 일본 외교 사료관은 물론, 당시 일본 사법성의 재판 증거물 품을 보관하는 장소 등을 조사해야 합니다. 안중근 의사와 관련된 사료는 물론 유해를 발굴해야 한다는 당위성을 우리 국민이면 모두 관심을 가져야 된다고 생각합니다. 위에서 언급한 바와 같이 관동도독부감옥서라는 키워드로 자료를 하나라도 더 찾아야 하고, 한국은 물론, 일본, 러시아의 사료발굴도 중요합니다. 뤼순·다롄이라는 지역을 러시아가 10년 간 실효적으로 지배를 했기 때문에 러시아 자료를 찾는 노력들도 반드시 필요합니다.

평화주의자, 안중근 의사 유해발굴은 참 평화의 길이다.

저는 오늘의 주제 중에 '평화주의자, 안중근 의사 유해발

북한내 안중근 의사 비석

굴은 참 평화의 길이다'라는 말을 강조하고 싶습니다. 왜 참 평

화의 길인가는 지금까지 제가 말씀드린 점들을 재인식하신다면

당연한 일이라고 생각하실 것입니다. 현재 안중근 의사 유해발

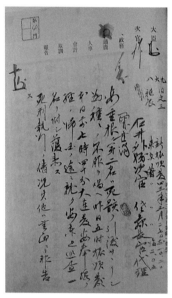

정근 · 공근 두 동생에게 안중근 의사 유해
돌려주지 않고 강제귀국 시킨 일본 외무성
공문서

굴은 남한과 북한이 공동

으로 해야 하는데 현재 남

과 북이 상당히 경직이 되

어 있습니다. 안중근 의사

의 유해발굴은 남한만도

할 수 없고 북한 만도 할

수 없습니다. 그렇기 때문

에 반드시 남북이 공동으로 나서야 합니다. 안중근 의사님의

고향이 북한의 황해도 해주이므로 북한은 당위적으로 참석

해야 하고, 중국은 안중근 의사님이 돌아가신 직접적인 지역

이기 때문에 최대한 협조를 해야 합니다.

인류의 보편적 가치를 존중하는 평화주의자 안중근 의사를

존중하는 중국도 당연히 협조를 해야 하지만 더 중요한 것은

바로 일본입니다.

그 당시 관동도독부 감옥법 제74조에 보면, 사형집행 후 가

족이 원하면 시신을 돌려주게 되어 있었습니다.

안중근 의사의 두 동생인 안정근과 안공근이 안의사님의 시

신을 돌려받으려고 찾아갔지만 일본은 감옥법조차 지키지 않

고 111년이나 지나도록 안중근 의사의 유해가 묻힌 곳을 비밀

에 붙이고 있습니다.

일본은 역사적인 원죄를 짓고 있는 것입니다. 이제라도 일본

은 역사적인 화해 차원으로 적극적으로 유해발굴에 협조를 해

야 마땅합니다.

우리는 앞으로 남과 북이 안중근 의사의 유해발굴을 위해서

머리를 맞대야 하고, 안중근 의사가 묻혀 계신 중국은 물론, 일

본은 역사적 화해 차원에서 안중근 의사 유해발굴에 동참할

때, 뤼순에 동양평화 협의체가 바로 지금 실현될 수 있다고 생

각합니다.

저는 안중근 의사님을 생각할 때마다 대한민국 국민 된 도리를

다하지 못하는 상황에 죄인의 마음으로 가슴이 저리고 아픕니다.

안중근 의사 가족 유해도 없다.

우리는 지금, 안중근 의사님도, 안중근 의사님의 어머님 조마

리아 여사도, 안중근 의사님의 동생 안정근과 안공근도, 또 안

중근 의사님의 부인 김아려[31] 여사도, 또 안중근 의사님의 장남

도, 어디에 묻혔는지조차 모른 채 안중근 의사님의 가족들이

---

31) 김아려(金亞麗 : 세례명 마리아, 1878-1946) : 안중근의 아내

남의 나라의 구천을 떠돌고 계십니다. 저는 너무도 부끄럽고 죄

송스러워서 하늘을 똑바로 볼 수가 없습니다.

저는 오늘 이 글을 읽는 대한민국 국민여러분께 호소 드립니다.

안중근 의사 새로운 유언

저는 문영숙 작가가 쓰신 『안중근 마지막 유언』을 봅니다. 여

러분에게 낭독하여 드리겠습니다.

"동포여! 내 사랑하는 동포여! 어찌하여 내 육신을 이 치욕의

땅에 버려 두는가. 뤼순, 그 땅에도 제국주의 망령들이 물러가

현재 찡안스 공동묘지의 모습으로 잔디밭이 바로 공동묘지이다. 잔디밭 건너편에 보이는 건물이 당시 시신을 화장한 건물. 현재는 개인 업무 공간으로 변함.

찡안스 공동묘지에 매장된 안정근 묘비 앞에 부인 이정서와 딸 안미생이 참배하고 있다. 현재는 1953년 찡안스 공동묘지가 찡안스 공원으로 변경되면서 소실되었다.

예전 찡안스 공동묘지에 있었던 묘비들

고 평화의 물결이 너울거리는데, 나는 지금도 뤼순의 하늘을 떠돌고 있다. 해마다 나를 기억하는 사람들이 뤼순을 찾아와 내 백골이 묻힌 곳을 애절하게 찾는다. 나는 그들을 지켜볼 때마다 뜨거운 위로를 받으며, 내 영혼의 빛을 잃지 않으려고 노력한다. 나를 기억하고 내 백골을 조국으로 옮겨가려는 사람들마저 없었다면, 나는 영혼의 빛을 온전히 잃어 버렸을지도 모른다. 나를 잊지 않는 사람들, 나를 사랑하는 사람들, 그들은 나처럼 평화를 사랑하는 사람들 임을 나는 안다.

선한 백성이 사는 나라 대한민국. 나는 오늘도 기다린다. 내 나라 백성이 평화를 사랑하는 한, 두 동강 난 조국은 머지않아

하나가 될 것이다. 또한 내 염원대로 내 조국은 동양 평화를 선

도하리라고 굳게 믿는다. " 문영숙 〈안중근 마지막 유언〉에서

안중근 의사의 새로운 유언은 과연 무엇일까? 우리는 모두

알고 있습니다. 이제 실천이 중요합니다. 안중근 의사님의 유해

를 찾는 일이 왜 중요한가를 다시 한번 되새기시고 국민적 관심

을 뜨겁게 하나로 모아서 꼭 안중근 의사님의 유해를 찾자고

외치면서 부족한 내용을 마칩니다. 끝으로 늘 마음속에 간직

해 두었던 말, '사랑하는 아내 김미애'에게 감사함을 전합니다.

2021년 3월 26일 안중근 의사 순국 111년을 맞아

김월배 올림.

저자 소개

김월배

  1967년 충남 안면도 출생, 경제학 박사. 하얼빈 이공대학 외국인 교수, 한국 안중근 기념관 연구위원, 연세대학교 안중근 사료실 객원 연구원, 하얼빈 안중근의사 기념관 객원 연구원, 뤼순 관동법원 관리위원, 뤼순일 아감옥구지 박물관 객좌 연구원으로 활동하고 있다. 『안중근은 애국, 역사는 흐른다』, 『안중근의사 지식문답』, 『돌아오지 않는 안중근』, 『안중근의사 유해를 찾아라』, 『안중근 의사 유해발굴 간양록』, 『대한국인, 대한민국을 말하다』, 『사건과 인물로 본 임시정부 100년』, 『共同研究 安重根と東洋平和』 『안면도에 역사를 묻다』, 『안중근, 하얼빈에 역사를 묻다』 등을 각각 공저하였으며, 『안중근의사 자서전』, 『안중근의 동양평화론』, 『旅順日俄監獄旧址博物館』 등의 역서가 있다. 대한민국 국민포장(2018)을 수상했으며, KBS 1박 2일, EBS 국민공감 콘서트 등 다수 방송출현, 안중근 의사 유해발굴의 당위성과 선양을 알리고 있다.

안중근 의사 유해발굴,
참 평화의 길이다

초판 1쇄 인쇄 | 2021년 03월 12일

초판 1쇄 발행 | 2021년 03월 20일

글 | 김월배

펴낸이 | 김경우

펴낸곳 | 도서출판 걸음

출판등록 | 2019년 12월 10일 제2019-000090호

주소 | (413-756) 서울 용산구한남동 578-31 낙원하이츠빌라 202호

전화 | 02-794-7703

팩시밀리 | 02-2179-7925

이메일 | maguh@naver.com

정가 9,800원

ISBN 979-11-969124-6-8 03980